AF509367

Estudios de Erudición Oriental ❧ ❧

❧ EXTRACTO ❧
DEL HOMENAJE Á
D. FRANCISCO
CODERA ❧ ❧ ❧
EN SU JUBILACIÓN
DEL PROFESORADO

Zaragoza 1904

LA RACINE ARABE  ET SES DÉRIVÉS

N article de dictionnaire, si développé soit-il, ne peut prévoir tous les cas, traduire toutes les nuances, et réduire ainsi la tâche du traducteur à une besogne mécanique. Mais, dans la plupart des articles, [1] le sens premier de la racine apparaissant avec une suffisante netteté, on comprend facilement par quels changements successifs de point de vue les sens dérivés en découlent. Par suite, saisissant, en quelque sorte, la loi de génération de toute une famille de mots, on est en état de rattacher soit au sens premier, soit à l'un de ces sens dérivés, par un nouveau changement de point de vue, naturel et conforme aux analogies, une acception ou une nuance de signification que les dictionnaires n'ont point enregistrée. Au contraire, dans d'autres articles, le sens premier n'apparait pas nettement; la racine semble comporter plusieurs significations irréductibles; aucune loi de génération ne se dégage. Alors, en présence d'une acception ou d'une nuance qui manque aux dictionnaires, privé de fil directeur et réduit aux conjectures, le traducteur, transformé en devin, hésite, louvoie, perd un temps précieux; finalement il se décide soit pour un contre-sens probable qui ne jure pas trop avec le sens général du morceau et ne s'écarte pas trop de l'un des sens donnés par le lexique, soit pour une traduction vague, neutre, *peu compromettante*, qui n'évite le contre-sens qu'en inclinant vers le non-sens.

Tel est justement le cas pour la racine ﺣﻜﻢ et ses dérivés. Je ne sais s'il existe en arabe une famille de mots qui présente à un plus haut degré, dans nos dictionnaires, tous ces défauts à la fois. La racine paraît avoir plusieurs sens radicalement différents, fort

---

(1) Il s'agit ici, bien entendu, des dictionnaires classant les mots par racines comme font nos dictionnaires arabes.

éloignés les uns des autres, et aucune loi de génération ne s'en dégage. Certains dérivés manquent, d'autres sont dépourvus de leurs
acceptions les plus usuelles et les plus importantes. En fin, certains d'entre eux forment des expressions arabes courantes mais
délicates à traduire et à bien comprendre, parce qu'ils ont dans
ces expressions des significations fuyantes, ondoyantes, dont la
traduction doit varier selon les cas. Or ces expressions difficiles
manquent pour la plupart dans nos dictionnaires; quand certaines
y figurent, c'est seulement dans un ou deux exemples tout-à-fait
insuffisants pour en indiquer, ou en suggérer, dans tous les cas
possibles, la nuance précise et la traduction exacte; et comme le
sens premier demeure caché, ainsi que la loi de génération de
cette famille de mots, les traducteurs désorientés vont souvent
donner, tête baissée, dans des non-sens ou des contre-sens variés.

Je voudrais montrer, sur cet exemple de la racine حكم, qui me
paraît très propre à une pareille démonstration, comment, en
pareil cas, les obscurités se dissipent, les difficultés de détail s'éva-
nouissent, dès qu'on a trouvé le sens primitif de la racine, et la loi
de génération suivant laquelle les sens des principaux dérivés en
sont issus.

Une recherche de ce genre est double. Elle comprend deux
moments successifs: le premier régressif, analytique, inductif, a
pour but la determination du sens premier de la racine; le second
progressif, synthétique, déductif ou analogique, a pour objet la
déduction des sens ultérieurs qui en dérivent.

DÉTERMINATION DU SENS PREMIER DE LA RACINE حكم.

En compulsant les dictionnaires les plus répandus[1], on trouve,
après un premier travail d'analyse, rapide et facile, dans le détail
duquel il est inutile d'entrer ici, que les sens *principaux* du verbe
حكم 1ère forme, c'est-à-dire ceux qui paraissent le moins facilement réductibles, sont à première vue les suivants:

Gouverner.
Prononcer, juger.
Conserver.
Etre sage, docte, savant (plus souvent à la 4.e forme).
Retenir, empêcher qqn. de faire qqch., éloigner qqn. de.....
Mettre à un cheval la martingale sous le menton.
Echoir (en parlant d'un terme) etc.
Ces acceptions si diverses, nos dictionnaires européens, à l'

---

* (1) Par exemple: A. de Biberstein Kazimirski, *Dictionnaire arabe-français.* — J. B.
Belot, *Vocabulaire arabe français.* — M. Beaussier, *Dictionnaire pratique arabe-français.* —
R. Dozy, *Supplément aux dictionnaires arabes.* — Lane, *Arabic-English Lexicon*, etc.

exception d'un seul dont nous reparlerons, ne montrent aucun
souci de les classer, dans la mesure du possible, suivant leur ordre
chronologique probable, de reproduire, en les rangeant, les varia-
tions successives du sens premier, et d'indiquer par là leur généa-
logie présumée. Ils énumèrent ces diverses acceptions, ou bien en
allant des plus usuelles aux moins usuelles, ou bien sans aucun
ordre assignable. L' un met en tête le sens de *gouverner*, l'autre
celui de *juger*. Les sens propres et d'ordre physique, vraisemblablement antérieurs aux sens figurés et d'ordre moral, ne viennent
que dans les derniers rangs.

Un seul dictionnaire fait exception: c'est le grand lexique arabe-
anglais de Lane. Il commence par énoncer l'acception primitive
du verbe حَكَمَ 1ère forme. Puis il indique, d'abord pour cette 1ère forme, ensuite pour les autres formes, enfin pour les mots issus de
ces verbes, le mode de dérivation des divers sens. Nous trouvons
donc en somme, chez Lane, une ébauche de la vraie méthode.
Mais voyons à quels résultats elle le conduit.

Empêcher, détourner quelqu'un de mal faire ou *de faire ce qu'il désire,*
tel est le sens premier indiqué par Lane. De ce premier sens
découle le sens de *juger*: حَكَمْتُ عَلَيْهِ بِكَذَا signifiait originairement:
je l'ai empêché de rien faire ou *de rien subir hormis telle chose, en sorte qu'*
il ne pût y échapper, et par suite: *je l'ai condamné à telle chose,* (par exemple au paiement d' une amende, d'une dette, à la peine de mort).

Par suite, encore حَكَمَ a signifié: *exercer l'autorité judiciaire* ou *le pou-*
voir, gouverner, ordonner, décréter; et enfin حَكُمَ (masdar حِكْمَة a pris
le sens d' *être sage, docte,* etc.) dont la dérivation va être expliquée
sous les noms حُكْمَة et حِكْمَة.

Dans le reste de l' article, Lane continue à rapporter les sens
dérivés de la racine حكم [1] au sens primitif qu'il a indiqué dès le
début. C'est ainsi, par exemple, que le masdar حُكْم signifiant originairement action d' empêcher, de *restreindre,* ce mot en est venu
à signifier en logique *jugement,* action d'attribuer un prédicat à un
sujet; et par suite les expressions courantes حَكَمَ كَذَا ou

-----

(1) De ceux, du moins, dont il prend la peine de rattacher la signification à une
signification primitive; car pour plusieurs d' entre eux, il semble renoncer à toute
tentative de dérivation sémantique. Par cette expression, *dérivation sémantique,*
(du grec σημαίνω, *signifier*) j'entends la dérivation du *sens* d'un mot, par opposition à
sa dérivation *morphologique* ou grammaticale. Voir le beau livre de M. Michel Bréal
intitulé: "Essai de *sémantique* (Science des significations)., Paris, 2.e édition, 1899.

حَكَمُهُ كَحُكْمِ كَذَا signifient littéralement: son *prédicament* est le même que le *prédicament* de telle chose, semblable au *prédicament* de telle chose, ou bien encore, (حُكْم signifiant *décret*, *arrêt*, et par suite *règle*, comme masdar de حَكَمَ qui signifie, ainsi qu'on la vu, *décréter*): *sa règle est la même que la règle de telle chose, semblable à la règle de telle chose*.—De même, le mot حِكْمَة, signifie proprement ou originairement: ce qui *empêche* ou *détourne* d'une manière d'être ignorante. Dans son sens le plus usuel, qui est celui de *sagesse*, il est dérivé de حَكَمَة qui signifie *une sorte de gourmette*, *parce que la sagesse empêche celui qui la possède d'avoir de mauvaises dispositions*. Enfin, si le mot حَكَمَة à son tour signifie *une sorte de gourmette pour un cheval*, c'est parce que la gourmette rend la bête maniable, soumise au cavalier, et l'*empêche* d'être rétive. On en revient donc toujours au sens primitif: *empêcher*, *détourner*.

On voit de reste, sans qu'il soit besoin d'insister, combien toutes ces explications sont peu satisfaisantes. La tournure d'esprit des étymologistes musulmans s'y révèle au premier abord. L'auteur a pris soin d'indiquer à chaque pas ses références. Mais ne l'eût-il pas fait, le caractère arbitraire de ces dérivations forcées suffirait à nous apprendre qu'il se borne à les reproduire sur la foi des lexicographes arabes. Nous allons d'ailleurs signaler plusieurs acceptions de حُكْم ou de ses dérivés, dont certaines sont omises par tous nos dictionnaires, et qu'il me parait non plus seulement arbitraire, mais impossible, de ramener au sens d'*empêcher* ou *détourner*.

Je trouve dans le *Hayy ben Yaqdhân* d' Ibn Thofaïl [1] les passages suivants:

p. ٨٠ ligne 5: [Quand, dans un corps composé, l'un des *éléments* composants, eau, air, terre ou feu, entre en plus grande proportion que les autres,] يصير ذلك المركب فى حكم الاسطقس الغالب. Dans ce passage, on pourrait être tenté de rendre حُكْم par *pouvoir*. C'est ce que fait Pococke [2]. Il traduit (p. 132): «ita ut compositum sit *in potestate* illius elementi quod dominatur.» Le

(1) *Hayy ben Yaqdhân, roman philosophique d' Ibn Thofaïl*, texte arabe publié d'après un nouveau manuscrit, avec les variantes des anciens textes, et traduction française. Collection du Gouvernement général de l'Algérie. Alger, P. Fontana, 1900.

(2) *Philosophus autodidactus, sive Epistola Abi Jaafar ebn Thophaïl de Hai ebn Yokdhan. Oxonii 1671 et 1700.*

contexte explique, en efet, que l' élément dominant, á raison de sa *force* dans le composé, l' *emporte* sur la nature des autres éléments et *neutralise leurs forces*. Mais l' erreur n' est plus posible dans les passages que voici:

p. ٨٠ dernière ligne: [l'esprit animal étant composé des quatre éléments en proportion égale,] صار فى حكم الوسط. Il faut bien, cette fois, renoncer á rendre حكم par *pouvoir*. Pococke traduit: «eum *rationem* medii obtinere»; nous traduirions en français: il *tient* le milieu; mais ces deux traductions, pour exactes qu'elles soient, ne nous renseignent pas davantage sur le sens précis du mot حكم dans cette expression. Serrons donc de près le mot-à-mot: *il se trouve dans le (ou la)..... du milieu*. Ni les mots *attribut*, *prédicat* *règle*, par lesquels, nous l'avons vu, Lane prétendait traduire de pareilles expressions, ni le mot *pouvoir*, qui avait failli, tout á l'heure, nous égarer, ne sauraient ici trouver place. Qu'on y réfléchisse, et l'on verra qu' un seul sens peut convenir, c'est celui de *position*, *situation*: il se trouve dans la *position* (ou dans la *situation*) du milieu, tel est le seul mot-à-mot acceptable de ce membre de phrase. Il en va de même des suivants:

p. ٣٥ l 2: [Hayy ben Yaqdhân vit que les membres et organes de son propre corps, bien que multiples, étaient joints les uns aux autres, sans aucune séparation,] فهى فى حكم الواحد; en français: «et qu'ils forment un tout unique»; mais en mot-à-mot: «et qu'ils sont dans la *position* (ou dans la situation) de l'un (de ce qui est un, d'une chose une)».

p. ١٠٢ l 10: جعلت المثل والمثل به على حكم واحد; en français: «tu as complètement identifié l'objet auquel on compare et celui qu'on lui compare»; en mot-à-mot: «tu as mis l'assimilé et l'assimilé à lui, *dans une seule [et même] position (ou situation)*.

Quant au premier de ces quatre passages, il se traduira tout naturellement, par analogie avec les trois autres: «le composé se trouve dans la *position* (dans la *situation*, dans le *cas*) de l'elément dominant», c'est-à-dire il se comporte comme lui, par exemple il tend à monter si l'élément dominant est le feu, à descendre si c'est la terre, etc.

Il serait aisé de multiplier les exemples de ce genre. Mais ceuxci nous suffisent pour l'instant. Car il ne s'agit pas encore de vérifier une hypothèse, mais seulement de la trouver. Or, pour suggérer une hypothèse, un seul exemple, à la rigueur, suffit.

Nous voici donc, au terme de cette première recherche, analytique et régressive, en possession d'une hypothèse nouvelle: Le sens primitif de la racine حكم ne serait-il pas précisément celui de *poser*, que viennent de nous réveler ces quelques exemples, sens très simple, et qui constitue assurément l'une des idées les plus fondamentales, les plus primitives de l'esprit humain?

DÉDUCTION DES SENS DÉRIVÉS.

Eprouvons maintenant cette hypothèse. On sait à quelles conditions une hypothèse scientifique d'ordre quelconque peut et doit être admise à prendre rang dans la science, et doit être considérée comme vraie aussi longtemps qu'on ne lui en aura pas substitué une meilleure, satisfaisant mieux encore aux conditions requises. Il faut pouvoir établir:

1.º Que cette hypothèse n'est formellement infirmée par aucun fait connu.

2.º Qu'elle explique l'ensemble des faits connus mieux que ne le pouvait faire aucune des hypothèses antérieures.

3.º Qu'elle permet d'expliquer et de prévoir des cas nouveaux.

Il s'agit donc pour nous, maintenant, de remplir le programme que voici:

1.º Déduire du sens que nous supposons primitif toutes les significations données dans nos dictionnaires, ou du moins toutes les significations que j'appellerai *directrices* ou *dominatrices*, auxquelles se ramènent á première vue, ou sans grande difficulté, les significations subordonnées.

2.º Opérer cette déduction d'une façon plus satisfaisante que ne permettait de le faire l'hypothèse trouvée dans le dictionnaire de Lane, la seule qui, à notre connaissance, ait été formulée jusqu' à ce jour.

3.º Trouver, en d'autres langues, des significations semblables aux significations de certains dérivés de رَكَمَ, et qui soient, en ces langues, à la racine signifiant *poser*, dans le même rapport où ces significations, en arabe, sont à la racine رَكَمَ. Ou inversement: trouver dans les textes arabes des significations, nouvelles si possible, de certains dérivés de رَكَمَ, et qui soient à cette racine arabe dans le même rapport où sont, par exemple, en grec, à la racine θε, des dérivés de cette racine grecque ayant des significations correspondantes. Dans l'un et l'autre cas, notre hypothèse nous aura permis de *prévoir* des faits nouveaux, des correspondances inattendues entre deux ou plusieurs langues. Ces correspondances pourront d'autant moins être mises sur le compte du hasard, qu'elles se revèleront plus nombreuses, plus caractéristiques; et si elles se produisent entre idiomes appartenant à des familles de langues très différentes, comme par exemple l'arabe d'une part et le grec ou le latin de l'autre, il faudra bien admettre que ces correspondances découvertes *à priori* grâce à notre hypothèse, décèlent un mode de dérivation sémantique non pas certes nécessaire, mais naturel à l'esprit humain. Or une hypothèse fausse n'aurait pu, vraisemblablement, conduire à une pareille découverte, et surtout à une série de découvertes de ce genre. La vérité de notre hypothèse se trouvera par là même établie.

Mais avant de mettre ce programme à exécution pour vérifier la nouvelle hypothèse, commençons par la préciser.

La comparaison de plusieurs expressions arabes analogues, formées avec le mot حُكْم, nous a conduit d'abord à supposer que, dans ces expressions, ce mot devait signifier *position*. Puis, faisant un pas de plus dans le champ des suppositions, nous nous sommes demandé si ce ne serait pas là le sens premier que nous cherchons, si حكم ne signifierait pas originairement *poser*. Mais le verbe français *poser* est ambigu: il a un sens actif qui est le plus courant, et aussi un sens neutre, par exemple dans l'expression: *poser à faux*, où poser=*être posé*. C'est ce dernier sens, correspondant au substantif *position* (situation), que nous semblons avoir seul considéré jusqu'ici et attribué à la racine حكم. On serait tenté d'admettre que le verbe حَكَمَ à l'origine, présentait à la fois, par lui-même, les deux sens du verbe français *poser*: le sens neutre, dont il a été question, et le sens actif dont nous parlerons tout-à-l'heure. Mais je crois qu'en réalité le verbe حَكَمَ, par lui-même, signifiait seulement *poser* au sens actif, et que le sens neutre du masdar حُكْم tient au masdar seul. Un masdar à sens neutre provient souvent d'un verbe à sens actif: c'est ainsi que سَمْع, qui signifie *chose entendue*, vient du verbe actif سَمِعَ *entendre*, et وَضْع, qui comme حَكَم, signifie *position*, vient du verbe actif وَضَعَ qui, comme حكَم, signifie *poser*, et jamais *être posé*. Voilà je crois la seule raison pour laquelle la famille حكم répondra à la fois, en grec et en latin par exemple, à deux racines: en grec, à la racine στα, qui prend parfois le sens neutre, en même temps qu'à la racine θε; en latin à la racine *sta* en même temps qu'au radical, de sens actif, qui en dérive, *stat* ou *statu* (statuo=*poser, mettre en place*). Mais le verbe حَكَمَ, en tant que verbe, est toujours actif: il signifie seulement *poser, placer*=θε=*stat*.

§ 1.—Le verbe حَكَمَ lui-même, au sens faible de *poser, placer*, semble avoir disparu avant l'époque des plus anciens monuments de la langue arabe; nous ne le rencontrons dans les textes qu'avec

des sens déja plus forts (comme par exemple *fixer*), dont il sera
question tout-à-l'heure. Encore conviendrait-il de vérifier ce
point. Dans l'état actuel de nos connaissances, nul ne peut hasar-
der une affirmation, ou plutôt une negation de ce genre, sans y
apporter quelque réserve. Il faudrait s'assurer que ce verbe ne
figure, avec ce sens faible *poser*, *placer*, chez aucun des poètes
anteislamiques; en l'absence de toute table de concordance de
leurs poésies, ce n'est pas une petite besogne. Quoi qu'il en soit,

l'existence du verbe حَكَمَ *poser*, *placer*, à une époque plus ou moins

reculée, ne nous est plus attestée, semble-t-il, que par la survi-

vance de ses deux masdars à sens neutre حُكْمٌ et حَكَمَةٌ.

C'est par la présence du premier dans certaines expressions
arabes, que nous avons été mis sur la voie du sens *position*, *situation*, dont nous nous efforçons d'établir l'antériorité. Ces expressions sont toutes construites à peu près sur le même modèle,

هَذَا فِي (ou عَلى) حُكْمِ ذَلِكَ ceci est dans la *position* (ou *situation*) de

de cela [1]; ou bien: حُكْمُ هَذَا كَحُكْمِ ذَلِكَ la *position* (ou *situation*)

de ceci est comme la *position* (ou *situation*) de cela [2]; c'est-à-dire,
en français: il en est de ceci comme de cela. Elles sont à rappro-

cher de l'expression bien connue هَذَا بِمَنْزِلَةِ ذَلِكَ qui a exactement

---

(1)   Voir, par exemple El-Ghazâli, Tchafot el-falâcifa, édition du Caire 1302,
p. ٨, l. 24 et 26.

(2)   Dans certaines de ces expressions, d'un type un peu différent, le sens premier *position*, *situation*, s'atténue par degrés jusqu'à devenir à peu près explétif. Par

exemple dans le *Hayy ben Yaqdhân*, p. ٥٨ l. 6: بِطُلِ حَكَمَ الصُّورَةِ "la forme
même disparaît„ (la *position* de la forme, le fait qu'elle est *posée*, donnée, qu'elle existe); et dans le texte du *Mounqidh min edh-dhalâl* d'El-Ghazâli, publié par Schmölders:
Essai sur les Ecoles philosophiques chez les Arabes, p. 9. l. 5: [je devins *sophiste*, c'est-à-

dire sceptique,] بِحَكَمِ الحَالِ لَا بِحَكَمِ النُّطْقِ وَالمَقَالِ "*en* fait (*en réalité*) non
en paroles et dans des discours„ littéralement: *suivant la manière* d'être [sophiste]
qui consiste à être [réellement sophiste], non *suivant la manière d'être* [qui consiste à

ne l'être qu'] en paroles et dans des discours. Dans ce passage حُكْمٌ *manière d'être*,
devient presque synonyme du mot حَال qui le suit et la détermine (=en latin
status, en français *état*, de la racine *sta*, être debout, être *posé*). Ici l'idée de *position*
finit presque par s'évanouir. Mais nous l'avons du moins suivie dans ses dégrada-
tions successives, jusqu' au moment où elle va disparaître.

même signification, et dans laquelle حِكْمَة = حُكْم = *position, situation, rang* [1].

Je trouve une confirmation de l'exacte correspondance entre les deux racines حكم et θε, dans une signification du masdar حُكْم á peine distincte de la précédente. Nos dictionnaires ne la donnent point, mais elle ressort bien nettement, par exemple, de ce passage d'Ibn Thofaïl [2]: ولم يترجح عنده احد الحكمين على الآخر «et aucune des deux *thèses* ne l'emporta sur l'autre dans sa pensée.. (Il s'agit d'une sorte d'antinomie entre les deux *thèses* opposées de l'*éternité* du monde et de sa *production* ou *nouveauté* حدوث). Mais thèse, θέσις, c'est l'*action* de poser aussi bien que la *chose* posée. La nuance de signification du masdar حُكْم est déja, ici, un peu plus active, et sert de transition pour passer aux autres significations du verbe حكَمَ.

Quant au second masdar à sens neutre حِكْمَة, il signifie, lui aussi *position*, mais seulement dans le sens figuré de *dignité, rang*. Peut-être cette nuance lui vient-elle de la désinence féminine, qui en s'ajoutant à un substantif masculin, lui donne fréquemment un sens abstrait ou un sens figuré.

§ II. — Du sens faible *poser*, on passe, par une nuance presque insensible, au sens, propre également, mais déja plus énergique, de *fixer, immobiliser*. Le verbe حكَمَ, en ce sens, existe à la première forme. Par de legers changements de point de vue, il donne lieu successivement, aux significations suivantes:

---

(1) On trouve, en particulier, le pluriel أحْكَام de ce masdar dans l'expression عِلْم أَحْكَام النُّجُوم qui désigne l' "astrologie judiciaire,,. Nous nous proposons de consacrer à cette expression une étude spéciale. En attendant, la seule chose qu'il importe de remarquer ici, c'est que, quel que puisse être le sens précis de cette expression, qu'elle signifie la science des "*jugements*,, stellaires (c'est-à-dire l'art de *juger* de l'avenir au moyen des astres), ou la science des *positions* des astres (du *thème* astrologique: θέμα = *position*), ou la science des *pouvoirs*, des *influences*, des *décrets* des astres, le sens du pluriel أحْكَام, dans cette expression. viendra toujours se confondre avec l'un ou l'autre des sens du mot حُكْم que nous déduisons, dans le présent travail, de la racine حكم = *poser*.

(2) Ouvrage cité, p. ٦٢ l. 12.

1.º (avec عَنْ) *retenir, empêcher* quelqu'un *de* faire quelque chose, *détourner* qqn. *de* qq.ch.

2.º *maintenir, conserver, soutenir.*

3.º *faire une chose solidement.*—A la 4.ᵉ forme أَحْكَمَ en outre du sens précédent, ce verbe signifie: *faire bien, parfaitement* qq. ch. [1]; par exemple, construit avec un masdar: وضعته فى تابوت أَحْكَمَتْ زَمَّهُ [2] «elle le mit dans un coffre qu'*elle ferma solidement, parfaitement.*» Par suite, à la 10ᵉ forme اسْتَحْكَمَ *être parfaitement faite* (chose).

4.º en fin, le sens le plus énergique de حَكَمَ 1.ᵉʳᵉ forme: *saisir, empoigner, tenir bon;* d'où *assaillir* (tempête), *échoir* (terme), etc.— C'est à ce sens qu'il faut, je crois, rattacher la signification de حَكَمَ 1.ᵉʳᵉ forme, *museler un cheval et lui mettre sous le menton la martingale,* حَكَمَة (Kazimirski, etc.). Le Qamous définit la martingale ما أحاط بَحَنَكَى الفَرَس من لِجامِهِ وفِيها العِذاران «la partie de la bride du cheval qui embrasse (qui *saisit*) les deux côtés de son menton et entoure les deux joues.»—C'est encore à ce 4ᵉ sens que se rattache une signification de la 5.ᵉ forme qui ressort nettement de certains textes arabes, mais qui n'est pas dans nos dictionnaires, et qu'aucun traducteur, à ma connaissance, ne paraît avoir comprise. El-Ghazâli, par exemple, dit dans son *Tehafot*, en parlant des falâcifa [3]: فلنحذف من ادلتهم ما يجرى مجرى التَحكّم او التَخْيِيل الضعيف الذى يهون على كل ناظر حلّه! Cette phrase ne signifie pas comme le veut une traduction française: «Je supprimerai de leurs démonstrations les *affirmations* et les hypothèses défectueuses qu'on peut rejeter avec un peu d'attention.....» mais bien: «Supprimons donc tout ce qui, dans leurs preuves, n'est qu'*argument captieux* ou médiocrement spécieux, dont il est facile à tout spéculatif de delier le nœud, [et bornons-nous, continue le texte, à exposer celles qui..... peuvent éveiller des doutes chez les étalons (c.à-d. les plus éminents) d'entre les spéculatifs].» De même, un chapitre d'El-Khowarezmi sur la sophistique (فى سوفسطيقى) débute ainsi [4]:

(1)   Dans cette liste, nous mentionnons seulement, parmi les formes de verbe dérivées, celles qui ajoutent à la 1.ᵉʳᵉ forme une nuance quelque peu originale, distincte de la nuance que leur confère nécessairemet leur forme grammaticale.

(2)   Ibn Thofaïl, ouvrage cité, p. ٢٠ 1. 9.

(3)   *Tehafot el-falàcifa*, édition du Caire de 1303 hég., pag. ٧. 1. 8.

(4)   *Liber mafatih al-olûm*..... edidit Van Vloten, Lugduni-Batavorum, apud E. J. Brill. 1895, page ١٠١.

هذا الكتاب يسمى سوفسطيقى ومعناه التحكم والسوفسطائى هو

الخ المغالطات وجوه فيه يذكر المتحكم «Ce livre (ce chapitre) porte

le nom de Sophistique, ce qui veut dire la *pseudo-sagesse*, et le
sophiste est le *pseudo-sage*. Il y est question des diverses façons
d'induire en erreur..... etc.» A vrai dire, cette dernière acception,
(pseudo-sagesse, fausse sagesse) est à cheval à la fois sur le sens qui
nous occupe en ce moment et sur un autre sens dont nous parle-

rons tout-à-l'heure, celui de sagesse حكمة. Mais par l'idée de

fausseté, de mensonge qu'elle contient, elle se rattache étroitement
à l'acception précédente, «argument *captieux*», dont elle ne diffère
que par une nuance. En fin de compte, le rapprochement de ces
deux derniers textes montre que, dans cette branche de la famille

حكم, le masdar de la 5e forme تحكّم a le sens de *sophisme*, et même

le sens un peu plus plein de *sophistique*=fausse sagesse fondée sur
des argumentations captieuses; nous voyons aussi que le participe
est également usité, avec un sens correspondant.

§ III.—Passons aux significations figurées. Du sens primitif
poser découle, en troisième lieu, celui de *disposer* (au figuré) qui se
divise en deux branches: a) *statuer*, b) instituer. *(Statuere, instituere,*
du radical *stat, poser*, en latin comme en français).

a) *Statuer*. Ce sens s'est d'abord divisé en deux: Statuer en
matière politique ou administrative, c'est *gouverner, décréter, arrêter,
commander;* en matière judiciaire, c'est *juger, prononcer*. Remarquons-
le, ces deux sens jumeaux se retrouvent, avec une autre racine,
dans d'autres langues sémitiques, en hébreu, par exemple, où le
verbe en qal (c. à-d. à la 1ère forme) *châfat*, signifie à la fois *juger*
et *gouverner;* le participe chôfèt=*juge*, mais aussi dictateur, chef
politique et militaire à la fois: les *Juges* d'Israël; de même en phénicien: les *Suffètes* carthaginois [1]. Je suis frappé, en outre, de voir
qu'en hébreu le verbe *châfat*, qui diffère seulement du précédent
par un *t* faible à la fin au lieu d'un *t* fort, signifie *disposer, ordonner,
commander*, et enfin *poser* qui en est évidemment le sens primitif.
Je laisse aux hébraïsants qualifiés le soin de se prononcer sur la
possibilité de cette permutation de consonnes, et de décider si les
deux racines hébraïques, en dernière analyse, n'en font qu'une.
Notons, d'autre part, qu'en hébreu et en chaldéen, on retrouve
identiquement la racine arabe حكم. En hébreu, elle ne semble

avoir conservé qu'un sens très dérivé, dans le verbe *hâkam* (ou

---

(1)   La racine est la même en phénicien et en hébreu: *chft* ou *sft.* .

hakham) et les mots qu'en découlent: c'est le sens d'être *sage, savant, habile*, que nous retrouverons tout-à l'heure dans une autre branche de la famille حكم; aucun des deux sens *gouverner* ou *juger* n'apparaît ici d'une façon manifeste, encore moins le sens de *poser*. Mais en chaldéen, le verbe *hakam* ou *hekam*, signifie aussit et surtout *connaître*. Or voici encore une correspondance digne de remarque: en diverses langues, le verbe qui signifie connaître, par exemple γιγνωσκω en grec, cognoscere en latin, en français *connaître*, signifie également *connaître d'une affaire, prononcer, être juge* dans une affaire, *juger*. Peut-être l'examen d'autres langues, en particulier des idiomes sémitiques, autres que ceux dont il vient d'être question, donnerait-il plus d'ampleur et de précision aux aperçus que nous indiquons ici rapidement.

En fin le sens de *statuer* comporte une troisième subdivision, une troisième acception, vraisemblablement plus récente que les deux autres: statuer en *général* et dans l'ordre théorique, c'est *juger* au sens logique, affirmer ou nier d'un sujet un attribut ou prédicat [1]. Tel est précisément l'un des sens du verbe حَكَمَ 1.ère forme, et de son masdar حُكْم. Le jugement, حُكْم est l'acte de l'esprit qui, exprimé par des mots, prend le nom de *proposition* قَضِيَّة.—C'est à ce sens, je crois, qu'il faut rattacher l'acception حُكْم 1.ère forme= *être sage, prudent, docte, savant*, avec tous les mots qui en dérivent: حَكِيم sage, حِكْمَة sagesse, تَحَكَّمَ 5.e forme, au sens que nous lui avons trouvé vers la fin du § II, etc. La transition me paraît nettement indiquée en premier lieu par le double sens du mot حِكْمَة qui signifie 1.° *sentence* morale, *maxime* pleine de sagesse, et

---

(1) Les logiciens arabes discutent longuement pour savoir si le *jugement* (حُكْم) consiste, à proprement parler, dans la simple *perception* d'un rapport de convenance (ou de disconvenance) entre un sujet et un prédicat, ou dans l'*affirmation* (ou la négation) de ce rapport; si le *jugement*, en d'autres termes, est proprement un تَصَوُّر (=*conception*, simple représentation d'un concept ou idée, sans affirmation ni négation, par ex. Dieu, cheval, bonté, décuple etc, etc.)ou un تَصْدِيق (=*assentiment*. consentement, approbation donnée intérieurement à un jugement mentalement formulé, par ex, "Dieu est bon„). Ne pouvant aborder ici une telle discussion, nous n'avons garde d'embarrasser de cette distinction notre exposé. Voir le grand Dictionnaire de Calcutta intitulé *Kitabo kachf'sthlâhâti'l-fonoûn*. Calcutta 1862, 2 volumes, article حُكْم.

par suite 2.º *sagesse;* en seconde lieu par certains textes tels que
les suivants qui sont d'Ibn Rochd [1]: «Le Prophète (Sur lui soit le
salut!) a dit: «Quand le *juge* (الحاکم), ayant fait tout ce qui
dépendait de lui, atteint le vrai, il a une récompense double; s'il le
manque, il a une récompense (simple).» Et quel *juge* (حاکم), continue Ibn Rochd, a une tâche plus lourde que celui qui *juge* si l'
existence est telle ou n'est pas telle الذى يحکم على الوجود بانه کذا
(او ليس بکذا. *Ces juges sont les savants,* (les *sages*) (وهولاء الحکام
هم الحکماء) à qui Dieu a réservé l'interprétation [2].» Il dit
encore un peu plus loin [3] الحاکم فى الموجودات «celui qui *juge* sur
les choses existantes» par opposition à [4] الحاکم فى الحلال والحرام
«celui qui *juge* du licite et du défendu» c'est-à-dire le qâdhi, le magistrat, comme le montre le contexte, où il est question du juge
ignorant de la *sonna*, qui se trompe dans son *jugement* (dans la
sentence qu'il rend).» Ibn Rochd, dans ces textes, emploie, on le
voit, le mot حکم = juger, tantôt au sens juridique, *rendre une sentence,*
tantôt au sens philosophique (logique ou psychologique) *affirmer*
(ou nier) *un rapport de prédicat à sujet.* Il glisse consciemment, volontairement, d'un sens à l'autre. Enfin il déclare que ceux qui *jugent*
sur les êtres et sur leurs modes d'existence sont les *savants,* les *sages,*
les *philosophes.* En rattachant au sens حکم = *juger* au sens logique,
le sens حکمة = *science* (profonde), *jugement* (sûr), *sagesse,* حکيم =
sage, judicieux, etc., nous sommes d'accord avec *l'illustre* philosophe
arabe.—On pourrait être tenté de rattacher le sens حکمة = *sagesse,*
habilité, art [5], au 3.ᵉ sens de notre § II, *faire bien, parfaitement* qq. ch;
et on allèguerait que lorsque حکمة désigne la *sagesse divine,* il ne saurait être question de jugement, mais bien de l'*art* infini du créateur,
de la perfection de ses œuvres. Mais d'abord le sens de *faire*

(1)   Philosophie und Theologíe des Averroes, herausgegeben von M. J. Müller
München 1859. p. 14 l. 1.

(2)   التأويل l'interprétation allégorique des passages obscurs des textes
sacrés.

(3)   ibid. 1. 13.

(4)   ibid. 1. 9.

(5)   حکمة désigne en particulier la science (ou art) du médecin, et aussi la prétendue science (ou art) de l'alchimiste. Comparer les expressions: la *philosophie* hermétique, la pierre *philosophale* (حکمة = *philosophie* dans tous les sens du mot).

bien qq. ch. n'appartient qu'à la 4.ᵉ forme أَحْكَمَ. Ensuite, l'idée de
sagesse divine, à coup sûr, est postérieure à celle de sagesse en
général: l'homme a dû concevoir et nommer l'homme judicieux et
sage, avant de concevoir et de nommer la sagesse de Dieu. L'idée
de perfection s'est donc introduite après-coup, quand on a étendu
à Dieu le vocable *sagesse;* et ce mot, à l'origine, ne désignait que la
sûreté du jugement (ou des connaissances), soit dans l'ordre spéculatif, soit dans l'ordre moral ou dans l'ordre pratique. De même
en latin, par exemple, *sapientia*, *sapiens*, qu'on a fini également
par appliquer à Dieu, dérivent de *sapere*, avoir du goût, avoir du
jugement, être *judicieux* [1].

§ IV. — *Poser*, au sens figuré, c'était *statuer; poser* (au sens figuré
quelque chose de nouveau, c'est *instituer*; par exemple, instituer une lé-
gislation, une loi, *légiférer*. Ici encore, nous trouvons entre les deux
racines حَكَمَ et θε = *poser* une correspondance remarquable: les
Grecs appelaient le législateur νομοθέτης, celui qui *pose* la loi;
θέμις signifie *loi* (surtout divine, eternelle), et θεσμός *loi, usage établi.*
Chez les Arabes, Dieu, en ce sens, est appelé الحَاكِم, ce qui ne
veut pas dire, en ce cas, le *juge*, le Rémunérateur, mais le *Législateur* por excellence [2]. Le masdar حُكْم, pluriel أحْكَام, désigne donc
le décret éternel de Dieu. Mais il s'aplique aussi, dans la sphère
des choses humaines, à toute institution d'un *état* de choses nouveau. Dans la langue du droit, en particulier, حُكْم signifie un *état
qualifié* [3], qui peut avoir pour cause soit le décret divin, soit la volonté d'un individu expressément formulée. Cette acception apparait ce me semble, avec la plus grande netteté, dans le passage suivant, qui a réduit au désespoir la sagacité des traducteurs: [Quand

---

(1)　On dit, d'autre part, en français: un homme *posé*, une conduite *posée*, et le
participe allemand *gesetzt*, de *setzen*, *poser*, a la même signification. Il y a évidemment, entre toutes ces acceptions, une parenté. Mais je ne vois pas de raisons suffi ·
santes pour rapporter directement حَكَمَ = *être sage*, au sens primitif *poser*.

(2)　Voir, par exemple, le Dictionnaire de Calcutta, p. ٣٨٠

(3)　Voir *El Ahkàm es-soulthàniya* de Mawerdi, traduit et annoté par le Comte
Léon Ostrorog. Paris 1901, 1.ᵉʳ vol., p. 71, note. Cf. ibid. p. 11, note: الأحكام
"les cinq *qualifications*„. Dans son excellente Introduction générale, le traducteur a
parfaitement compris, aux endroits auxquels nous renvoyons, cette acception juridique du mot حُكْم .Il est encore dans le vrai quand il dit que: "ce mot حُكْم a également un autre sens, celui de *qualification* donnée à un acte par le législateur divin."
C'est, en somme, le sens que nous venons d'indiquer au début de ce §. Mais il se

un homme a dit à sa femme: «Tu es répudiée»] جعل اللفظ الّذي علة

بالحكم بالوضع والاصطلاح (1) «il a fait de la parole [qu'il a prononcée] la cause (2) d'un *état qualifié* arbitraire et dépendant de la volonté humaine (3)», c'est-à-dire: la femme avait l' *état qualifié* de femme mariée; la parole de l' homme une fois prononcée, elle se trouve dans un nouvel *état qualifié*, celui de femme répudiée, entraînant tout un cortège de conséquences juridiques.

Mais ce passage d'El-Ghazâli est propre à nous suggérer en outre une vérification indirecte de notre hypothèse générale. Le mot حُكْم y voisine avec le mot وَضْع. De l'aveu de tous les arabisants, وَضْع signifie originairement *poser, placer*, déposer (4). Il est donc intéressant d'examiner, au terme de cette étude, dans quels rapports sont entre eux les sens dérivés de حكم et de وضع. Si nous constations que beaucoup de ces dérivés présentent des similitudes

trompe quand il ajoute: "Ce second sens est même le sens primitif *dérivé lui-même du sens de jugement,* toute qualification étant un jugement porté par Dieu en bien ou en mal." Le sens de حُكْم *qualification résultant d'un décret divin,* ne dérive pas du sens حُكْم = *jugement;* ils dérivent l'un et l'autre, séparément et parallèlement, du sens primitif *poser.* — Quant au titre même de l'ouvrage الاحكام السلطانيّة que le traducteur rend par "Ces *règles* du pouvoir souverain,, le sens du mot احكام y est plutôt celui de *constitution (Constitutiones politicae,* tel est le titre de l'édition de Max Enger, Bonn, 1853) ou encore de *statuts.* Mais aucun de ces deux mots ne convient parfaitement: nous n' avons, en français, aucun vocable, dérivé comme eux, par exemple, du radical *stat,* et qui rende exactement cette nuance du mot arabe احكام

(1)   El-Ghazâli, *Tehafot el-falâcifa,* édition du Caire ١٣٠٢ p. ٨, l. 14.—Calo Calonyme traduit (*Aristot. Opera... cum Averrois... commentariis...* Nonum volumen: *Destructio destructionum,* édition de 1573, folio 16 verso, 1.ère col.): "posuit sermonem causam *judicii* positione et deliberative,, et le traducteur français: "ayant fait de sa parole une cause immédiate et complète,, (?)

(2)   Au sujet de la *cause* de l'état qualifié, voir Ostrorog, ouvrage cité, p. 70 et passim.

(3)   Les deux expressions arabes بالْوَضْع *artificiel, arbitraire,* et بِالْاصْطِلاح *conventionnel, dépendant de la volonté humaine,* sont à peu près synonymes. On les trouve parfois réunies: Voir, par exemple, Ibn Khaldoun, *Prolégomènes* texte publié par Quatremère dans les Notices et extraits des manuscrits, t. XVIII p. 257 l. 7: لاجل الوضع والاصطلاح. Dans sa traduction des Prolégomènes, de Sacy rend cette expression par "*artificiels et conventionnels.*,, Nous reviendrons plus loin sur l'expression بالوضع.

(4)   Avec la nuance de *mettre à bas, abaisser,* qui donne lieu à de nombreux dérivés, et qui manque à la racine حكم.

de sens remarquables et révèlent des correspondances significa-
tives, on ne pourrait guère attribuer au hasard de pareilles coïn-
cidences, et nous trouverions, dans ce parallélisme des sens dérivés,
une nouvelle confirmation de notre hypothèse touchant le sens
primitif de حكم.

Or, c'est précisément ce qui a lieu.

Le verbe وَضَعَ 1ère forme, comme حَكَمَ 1ère forme, signifie,
en particulier, *retenir*, *empêcher*, *arrêter*.

Son masdar وَضْع, pluriel أَوْضَاع a comme حُكْم, pluriel أَحْكَام,
de حَكَمَ 1ère forme, le sens de *position*.

وَضِيعَة, pluriel وَضَائِع «livre dans lequel sont consignées les
maximes de la sagesse [1]», n'a, ce semble, avec حِكْمَة, sagesse, qu'une
analogie accidentelle: il paraît signifier *dépot* (de maximes).

Mais مَوْضُوع comme حَكَم quoique sous une forme grammaticale différente, signifie *attribut*, *prédicat*.

Enfin وَضَعَ a comme حَكَمَ le sens d'*instituer*, *établir* (une loi, un
code), *fonder;* la participe actif وَاضِع signifie *fondateur*, celui qui
institue, et وَضْع comme حُكْم veut dire *loi*.—Or il existe en grec une
expression bien connue des hellénistes en général, des historiens
de la philosophie grecque en particulier, qui dérive de la racine
θε, et qui répond à ce sens d'*instituer*, mais avec une nuance très
caractéristique: c'est le substantif θέσις au datif singulier. Les
sophistes grecs opposaient constamment à ce qui est φύσει c.à.d.
par nature, ce qui est θέσει (ou νόμῳ datif sing. de νόμος, loi) c.à.d. ce
qui est *d'institution humaine*, ou comme on dit encore, *d'établissement*,
ce qui dépend de l'homme, de la volonté plus ou moins *arbitraire*
de l'homme, d'une *convention*, ce qui est *conventionnel*. Je ne retrouve
pas exactement, il est vrai, parmi les dérivés de حكم cette nuance
de signification d'un caractère si spécial; mais je la retrouve identiquement parmi les sens dérivés de وضع. Traduisant l'opposition
de φύσει et νόμῳ ou θέσει, les Arabes opposent à ce qui est بِالطَّبْع

---

(1) Dictionnaire de Kazimirski et vocabulaire arabe-français de Belot, art. وضع

par nature, ce qui est بِالْوَضْع [1], c'est-à-dire *arbitraire*, dépendant de la volonté, du libre arbitre de l'homme, *conventionnel*. Tel est précisément le sens que nous avons trouvé à ce mot بِالْوَضْع dans le passage d'El-Ghazâli où il est rapproché d'une part de son synonyme بِالْاصْطِلاح [2] et d'autre part de حكم. Il y a plus: nous retrouvons dans la famille حكم elle-même le sens presque équivalent تَحَكَّم *être arbitraire*, تَحَكُّم *décision arbitraire*, assertion *gratuite* [3]. Il a donc dépendu de la volonté de ceux qui, les premiers, ont traduit en arabe les ouvrages grecs ou les traductions grécosyriaques, et qui ont créé, chemin faisant, la terminologie scientifique et philosophique arabe, de rendre l'expression θέσει soit par بِالتَّحَكُّم ou بِالْحُكْم, soit par بِالْوَضْع ou بِالتَّواضُع [4]. S'ils ont préféré l'une des deux racines à l'autre, c'est en vertu d'une décision ellemême arbitraire, ou fondée en tout cas sur une raison de choisir bien peu manifeste et bien peu déterminante.

Enfin, nous retrouvons la même correspondance en hébreu. Nous avons vu que *châfat* juger et *châfat* poser, *disposer* semblent appartenir à une seule et même racine. Or *michfat* signifie non seulement *judicium*, *jus*, etc., mais aussi *mos, la coutume, l'usage*, tout comme νόμος, θεσμός, θέσις, et وَضْع.

Voici donc, en résumé, quel serait le tableau généalogique de la famille حكم:

(1) Voir par exemple: Georg Beer, *Al-Gazzâli's Makâsid al-falâsifat*. 1 Theil Die Logik. Cap. I—II. p. 10, qui donne plusieurs références. On peut y ajouter: Ibn Khaldoun, *Prolégomènes*, 3.e partie du texte arabe, p. 139, l. 14 وَضْعًا opposé à طَبْعًا (de Sacy traduit: *conventionnellement*); ibid. page 313 note 3 de la traduction de de Sacy, où وَضْع est rendu par *institution*, etc.

(2) Je trouve par exemple اصْطِلاح rapproché de وَضْع dans les *Prolégomènes* d'Ibn Khaldoun, 3.e partie du texte arabe p. 257, l. 7: لِاجل الوضع والاصطلاح. De Sacy traduit: "car (de pareils raisonnements) sont *artificiels* et *conventionnels*."

(3) Voir Dozy, *Supplément aux dictionnaires arabes* article حكم. Comparer Ibn Khaldoun, *Prolégomènes*, traduction de de Sacy, 3.e partie, p. 321 note 1: تَحَكُّم = "un jugement sans preuve."

(4) Pour ce sens بِالتَّواضُع = *par convention, conventionnellement*, voir Ibn Khaldoun, *Prolégomènes*, 3.e partie du texte arabe, p. 242, l. 18.

Esquisse d' un tableau généalogique de la famille حَكَمَ.

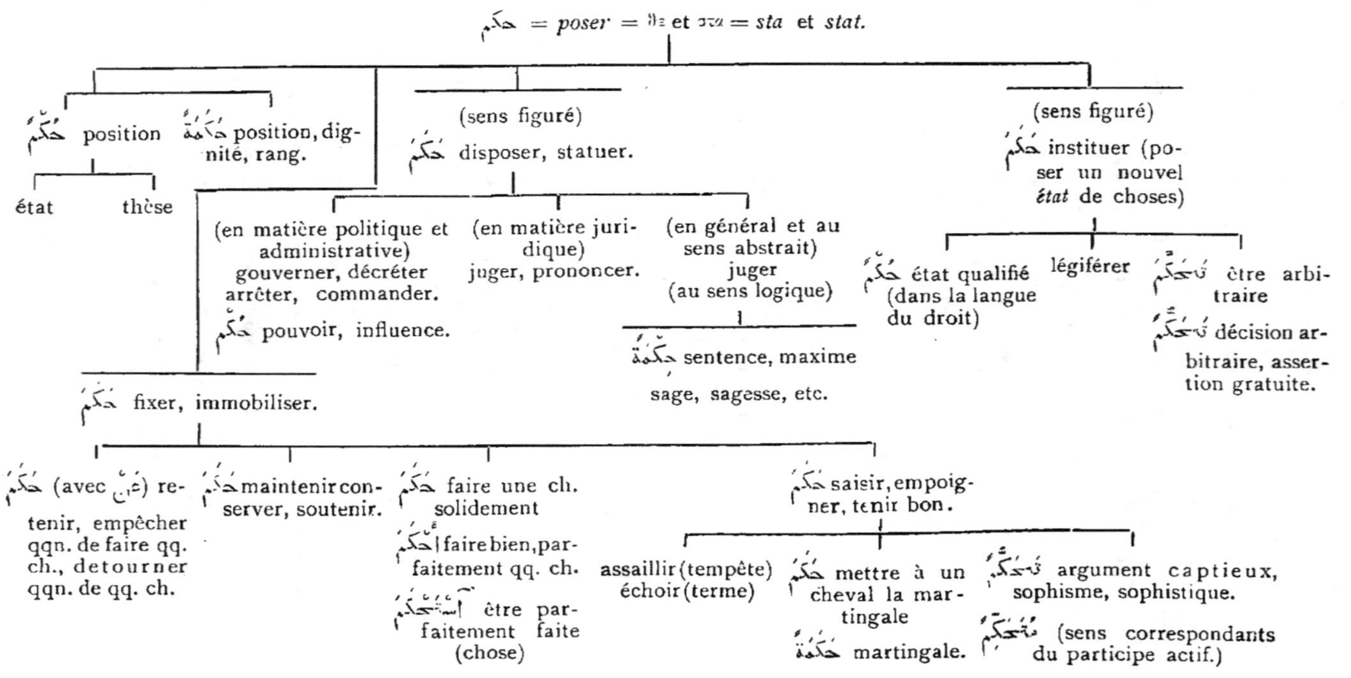

CONCLUSION

Cette étude est une simple esquisse. Elle aurait besoin d'être complétée sur divers points. Par exemple, nous nous sommes borné à déduire les significations dominatrices: il resterait à poursuivre cette déduction des sens dérivés jusque dans le dernier détail. Peut-être ce travail de second plan, facile en général, n'irait-il pas sans quelques difficultés particulières, dont aucune cependant ne paraît insoluble. A quel sens, par exemple, rattacher l'acception, en apparence complètement isolée, حكم = *vieillard?*

Au sens de حكم = *empêcher,* par analogie avec le sens عجوز *vieillard,* du verbe عجز *être faible, impuissant* pour faire qq. ch.? Ou bien, directement, au sens primitif حكم = poser = *un homme posé?* Le mot حكم peut s'appliquer en effet à un homme de quarante ans. Quelques-unes de ces dérivations d'ordre secondaire, pourraient, on le voit, donner lieu à des discussions. Mais je n'aperçois aucun sens dérivé qui ne puisse finalement, d'une ou de plusieurs manières, se déduire assez facilement du sens primitif حكم = *poser.* C'est encore حكم = *vieillard* qui me paraît offrir la plus grande difficulté.

D'autre part, il resterait à chercher dans les langues et dialectes, sémitiques ou autres, qui ne me sont pas accessibles, confirmation ou infirmation de notre hypothèse.

Ces réserves faites, je crois avoir suffisamment montré, dans les grandes lignes, conformément au programme indiqué:

1.º Que notre hypothèse n'est formellement infirmée par aucun des faits connus.

2.º Qu'elle rend raison de l'ensemble des faits mieux que ne le pouvait faire l'unique hypothèse proposée jusqu'ici.

3.º Qu'elle permet d'expliquer et de prévoir des faits nouveaux, des concordances inattendues.

S'il en est ainsi, l'hypothèse suivant laquelle حكم a signifié primitivement *poser,* doit, jusqu'à preuve du contraire, passer pour scientifiquement établie.

Elle n'aura pas été sans quelque utilité si elle a permis de corriger certains contre-sens, de préciser certaines significations, et de préparer les traducteurs á en bien comprendre quelques autres que l'étude de nouveaux textes ne peut guère manquer de mettre au jour.

Nous estimerions enfin n'avoir pas entièrement perdu notre peine si cet exposé, tel quel, avait du moins la bonne fortune de susciter, ne fût-ce que par réaction contre les erreurs qu'il peut contenir, quelque travail plus solide et plus complet.

LÉON GAUTHIER.

CORRIGENDA

Nota.—Les épreuves de cet article n'ayant pu être communiquées à l'auteur, il s'y est glissé un certain nombre de fautes dont les suivantes seules intéressent le sens:

Page 437, ligne 24: encore—lire: encore,

» » » 25: masdar حَكَمَة —lire: masdar حَكَمَة)

» » » 26: etc.)—lire: etc.,

» 443, » 9: dans sa pensée.—lire: dans sa pensée.»

» » note 1, l. 2: أَحْكَام —lire أَحْكَام

» 445, ligne 26: châfat—lire: châfath

» » » 27: chôfêt—lire: chôfêth

» » note: *chft* on *sft*—lire: *chfth* ou *sfth*

» 446, ligne 1: qu'en —lire: qui en

» » » 11: sémitiques, autres—lire: sémitiques autres

» » note: avant-dern. ligne: *kechfi*—lire: *kechchâfi*

» 447, ligne 23: *l'illustre*—lire: l'illustre

» 448, » 12: figuré—lire: figuré)

» » » 20: por—lire: par

» 449, » 8: prope—lire: propre

» » note, ligne 6: Ces *règles* —lire: Les *règles*

» » note 1, » 5: inmédiate et complète» (?)—lire: *immédiate et complète» (?)*

» 450, ligne 17: la—lire: le

» 451, » 17: *châfat juger*—lire: *châfath, juger*

» » » 18: *michfat*—lire: *michpâth*

» 453, » 11: poser=*un homme posé?*—lire: poser: *un homme posé?*

M. Escar, Tip., San Miguel, 12, Zaragoza.—1904